AF497926

Subduxit morti vivax pictura Maronem;
Et quem Parca tulit, reddit imago virum. Hila.

Dum segetes lætus et pinguia Tityrus arua,   Interea indignos proles Melibæia casus,
  Dulciaq̅ in patrijs otia carpit agris :   Amissoq̅ greges, rura, laresq̅ refert.

Ætherio partu quæ virginis aurea mundi
Secula in integrum restituenda canunt ;

En hîc Cunicæ tibi carmina virginis, et dic :
Sæpè prophana suū pectora Numē habet.

Bruta vides multis animantia ludere formis, Et pastoritia certamina Musica turbæ,
Et glandes latas, vmbriferumq; nemus : Et Dionysiaci certa iocòsq; senis.

Indigno Damon miser vt soluatur amore, | Mœris ad atrocem capros agit ager Ariū,
Thessalicam nauat huic Alphesibœ opē. | Et Lycidæ quæritur tristia fata suo.

Ingratum queritur vates pastorq́ Lycorum
Gallus, et absentis non meminisse nequit.

Quem Deus Arcadiæ frustra et solatur Apollo,
Sed superat, cunctos qui super un̄q̄ Amor.

Quid faciat lætus segetes: qua sidera seruet,
Agricola, vt facilem terrā proscindit aratris,
Semina quo iacienda modo, cultusꝗ locorum,
Et messas docuit magno olim fœnore reddi.

Hactenus arvorum cultus, et sidera cæli: Descriptasq̃ locis vites, et dona Lyæi.
Pampineas canit inde comas collesq̃ virētes, Atq oleæ ramos pomorũ ex ordine lectis.

Tequé Pales, et te pastor memorande per orbē   Quis habitent armenta locis, stabuletur et ĝĝi,
Et pecorūm cultus, et gramine pascua læta.   Omnia divino monstravit, carmine vates.

Protinus aërij mollis redolentia regna,
Hyblæus et apes, aluorum cærea tecta.

Quiq́ apibus flores, examina quæq̀ legenda
Indicat, humentesq̀ favos cælestia dona.

In quo argumenta Librorū.
Æneidos, tàm verbis, quàm jma-
ginibus, compendio Æreis typis
Exprimūtur.

Æolus immittit ventos Junonis ob iram;   Sed matris curâ Lybicas Tros fertur in oras
Troianasq́ suis flatibus exagitat.   Excipiturq̀ piæ principis hospitio.

Infœlix Asia cecidit quo Pergamon igne,
  Narratur, vel quo Troia cremata rogo.

Adduntuŕq; doli Graiûm, fraudeśq; Sinonis,
  Vt́q patrem flammis Tros pius eripuit.

Post casum Troiæ, fabricatâ classe superstes   Invitis fatis; Helenoq́; jubente recedit :
Vela dat Æneas, littora Thraca petens,   Et Cyclopa fugit: iusta facitq́; patri.

Ardet amore gravi Dido, soror Annaq́ suadet
Nubere; at infausto sidere cœptus amor:
Nam postquam Æneas monitꝰ discedere, abisset,
Ipsa sibi tristes attulit ægra manus.

Postquam iam cineres flammam preßêre furentis   Hinc cogit naues incendere Troiadas Iris.
    Didus, Trinacriam tristior hospes abit   Anchisæ faciunt dum pia iusta viri.

Sacratum Phœbo Cumarum venit in vrbem
Æneas, vatis quo loca sacra petat.

Hinc adijt tristesý lacus camposý beatos:
Discit vbi ore sui fata benigna patris.

Tandem deveniunt Laurentia Troes in urba
Et pace accepta mœnia prima struunt

Invida sed furias accersens Juno, Latinos
Inter et Æneades bella cruenta serit.

Vidit vt Æneas summâ vi bella parari,
Euandrum iungit fœdere ritè sibi.
Arma petit genetrix, dat Mulaber, in clypeoq́
Respingit Latias, Romulidosq́ diuos.

In Teucros Turnus, monitu Iunonis iniquæ,
Pugnat, et Iliacas opprimit igne rates:
Quæ Nymphæ vt fiunt, mox Troia fortib, ausis
Castra capit: captis protinus exsuitur.

Placat et vxorem dictis et iurgia natæ
Juppiter. Æneas cogit in arma viros

Occurrunt Rutuli sterilíq in littore pugnant:
Cum Lauso, Pallas occidit, atq pater.

Gradivo suspensa patri Mezentius arma   Et fletus matrum, & patri Pallanta remissû
Quæ tulit, et cresis funera facta vides: Exanimem, atq̃ tuam, virgo Camilla, nece.

Troianos Rutulosq; novo vix fœdere iunctos   Daunius Æneæ Turnus victricibus armis
Infausta, ah mulier rursus in arma vocat.   Occidit: at laqueo frangit Amata gulam.

Connubium Aeneæ sumit, dulcesq̃ hymenæos,
Et venit in Teucram virgo Latina manum.

O quà tum plausus Latij, ô quæ gaudia cũ vos,
O Rutuli, lœtos in sua rura trahit.